Helge Adolphsen

Der Apfel am Weihnachtsbaum

Advents- und Weihnachtsbräuche

Agentur des Rauhen Hauses Hamburg

Vorwort

„Opa, warum gehen wir Weihnachten zuerst in die Kirche?" Diese Frage meiner Enkelin Nele gab den Anstoß zu diesem Buch. Zu jedem weihnachtlichen Brauch und Feiern gehört eine Geschichte, entweder aus der Bibel oder aus alten Texten und Legenden.
So lädt dieses kleine Buch ein, auf eine Entdeckungsreise in die Vergangenheit zu gehen:
Warum hängen Äpfel und Lametta am Weihnachtsbaum? Warum gehören zu jeder Krippe Ochs und Esel? Warum gibt es nur zu Weihnachten Lebkuchen und Pfefferkuchen? Die eigentliche Bedeutung und den tieferen Sinn der schönen alten Bräuche zu kennen, lässt uns bewusster feiern und erleben, dass Weihnachten ein wunderbares christliches Fest der Freude und des Staunens ist.

Advent – Zeit der Erwartung

Advent – Zeit der Vorbereitung auf Weihnachten. Früher eine bewusst „arme" Zeit. Eine Bußzeit, die bereits am 11. November, dem Tag des Heiligen Martin, begann. Der hatte als Ritter seinen Mantel mit dem Schwert geteilt und die eine Hälfte einem frierenden Bettler gegeben. Die lange Adventszeit war eine stille Zeit der Erwartung und Vorfreude auf Weihnachten. „Siehe, dein König kommt zu dir, ein Gerechter und ein Helfer, arm und reitet auf einem Esel, auf einem Füllen der Eselin." So steht es im 9. Kapitel des Propheten Sacharja.
Bis ins 18. Jahrhundert galt in diesen Wochen ein Tanz- und Heiratsverbot. Diese Konzentration auf die Ankunft des Erlösers droht uns abhanden zu kommen: statt Besinnung – Trubel und Konsum, Schokoladenweihnachtsmänner statt Einkehr und Buße.

Der Adventskranz

Kerzen sind Sinnbild der wachen Bereitschaft und der Hingabe. Sie verzehren sich selbst, um Licht und Wärme zu geben. Jesus sagt im 8. Kapitel des Johannes-Evangeliums:

> *Ich bin das Licht der Welt. Wer mir nachfolgt,*
> *der wird nicht wandeln in der Finsternis,*
> *sondern wird das Licht des Lebens haben.*

Der Adventskranz ist erst 170 Jahre alt. Er ist eine Hamburger „Erfindung". Johann Hinrich Wichern, der Gründer des „Rauhen Hauses", der Freund armer und verwahrloster Jugendlicher, hängte 1839 im großen Betsaal zum ersten Advent einen großen runden Holzkranz auf. Den bestückte er mit 23 Kerzen, 19 kleinen roten und vier dicken weißen Kerzen.

Die roten für die Wochentage, die weißen für die Adventssonntage. Gut 20 Jahre später wurde er mit Tannenzweigen geschmückt.
Im Altertum wie im Alten Testament wird der Kranz als festlicher Schmuck, als Sieges-, Freuden- und Ehrenkranz verwendet.
Die grüne Farbe der Tanne ist Zeichen der Hoffnung.
Die Kerzen, die nacheinander angezündet werden, geben jedem Tag mehr Licht und stärken die Hoffnung auf die Erfüllung des Wartens am Christtag.

Barbarazweige

Der 4. Dezember ist der Tag der heiligen Barbara. Mit diesem Tag verbindet sich in vielen Ländern der Brauch, Zweige von Kirschen-, Apfel- oder Pflaumenbäumen zu schneiden und ins Wasser zu stellen, damit sie zu Weihnachten in Blüte stehen.
Nach einer Legende wurde Barbara gegen den Willen ihres Vaters Christin. Standhaft und mutig bekannte sie ihren Glauben und nahm während der letzten großen Christenverfolgung im 4. Jahrhundert den Märtyrertod auf sich. Das Blühen der Zweige im Winter verweist auf die starken Kräfte des Glaubens, der Hoffnung und der Liebe.

Die Christrose

Es ist ein Ros entsprungen
aus einer Wurzel zart,
wie uns die Alten sungen,
von Jesse kam die Art
und hat ein Blümlein bracht
mitten im kalten Winter
wohl zu der halben Nacht.

Die Christrose hat im Sommer, wenn alles blüht, nur grüne Blätter. Wenn aber Eis und Schnee kommen, entfaltet sie ihre Blüte und wird zur Winter- und Schneerose. So erblüht mitten im kalten Winter die Christrose und erfreut uns mit ihren besonderen weißen Blüten.

Begründet ist ihr Name in den alttestamentlichen Verheißungen. Aus der Wurzel Jesse, dem Begründer von Davids Geschlecht, soll der neue König hervorgehen. Genauer: Aus dem zerhauenen Stumpf,

aus der Wurzel Jesse, bricht ein neues Reis hervor. Das Reis wurde mit der Rose in eins gesetzt.
Unsere Vorfahren wussten, dass die Christrose, die „schwarze Nieswurz“, einen giften Wurzelsaft enthält. Das galt als ein Mittel gegen Schlangenbisse. Die Bibelkundigen dachten an das Wort aus der Geschichte vom Paradies: „Der soll dir den Kopf zertreten, und du wirst ihn in die Ferse stechen.“ Was Gott zur Schlange sagte, bezogen sie auf Christus, der die Schlange, Sinnbild für den Teufel, besiegte und dabei den Tod für alle Menschen auf sich nahm. Das wird in der 3. Strophe dieses alten Weihnachtsliedes (EG 30) aufgenommen:

Das Blümelein so kleine,
das duftet uns so süß;
mit seinem hellen Scheine
vertreibt's die Finsternis.
Wahr' Mensch und wahrer Gott,
hilft uns aus allem Leide,
rettet von Sünd' und Tod.

Adventsstern

Sterne und Licht – Inbegriff von Advent und Weihnachten. In vielen Kirchen und Häusern hängt ab dem ersten Advent der Herrnhuter Stern. Die Christen sahen im Stern die Erfüllung der alttestamentlichen Verheißung. Im 4. Buch Mose wird der heidnische Prophet Bileam beauftragt, das Volk Israel zu verfluchen. Er aber konnte nicht anders als es zu segnen und zu weissagen: „Es wird ein Stern aus Jakob aufgehen und ein Zepter erhebt sich aus Israel."
Die Erfüllung dieser Weissagung findet sich in der

Geschichte von den „Weisen aus dem Morgenland" im Matthäus-Evangelium: „Als sie den Stern sahen, wurden sie hocherfreut." Da der Stern im Osten aufging, wird er auch der Morgenstern genannt. Im Adventslied von Jochen Klepper (EG 16) findet sich die Strophe:

Die Nacht ist vorgedrungen,
der Tag ist nicht mehr fern.
So sei nun Lob gesungen
dem hellen Morgenstern!
Auch wer zur Nacht geweinet,
der stimme froh mit ein.
Der Morgenstern bescheinet
auch deine Angst und Pein.

Christstollen

Der Christ- oder Weihnachtsstollen wird erstmals 1329 erwähnt. Bischof Heinrich von Naumburg erteilte damals den Naumburger Bäckern ein Zunftprivileg und verlangte dafür jedes Jahr zu Weihnachten zwei Stollen zu je 30 Pfund! Der Name Stolle(n) – das bedeutet Stamm, Pfosten – wird bei solchem Gewicht verständlich. Heutige Stollen sind so groß wie ein Brot. Sie selbst zu backen, gar mit Kindern in der Adventszeit, ist ein schöner Brauch.

Dabei wird die Teigplatte gefaltet: Die eine Hälfte wird über die andere geschlagen und ganz mit Puderzucker bestreut. Das ist ein Hinweis auf das in Windeln gewickelte Kind und auf Christus als das Himmelsbrot (Johannes-Evangelium 6,51).

Der Weihnachtsfestkreis

Weihnachten ist das christliche Fest, das im Gefühl der Menschen am tiefsten verwurzelt ist. Das hat eine lange Geschichte. Erstmals wird das Christfest 354 n. Chr. in Rom bezeugt. Die biblische Grundlage ist die Geburtsgeschichte, wie sie Lukas in seinem Evangelium im zweiten Kapitel erzählt. Gefeiert wurde Jesus als Erlöser und Retter der Welt.

Der Weihnachtsfestkreis beginnt am 24. Dezember mit der Mitternachtsmesse. Er erstreckt sich bis zum 6. Januar, über die beiden „Christtage" und den Jahreswechsel. Der 6. Januar ist traditionell und kirchlich das „Fest der Erscheinung des Herrn". Im Westen ist dieser Tag mit der Verehrung der drei Weisen oder Könige verbunden. Später geriet das Epiphaniasfest

in manchen Kirchen der Ostkirche in Konkurrenz mit dem Christfest. Sie feiern Weihnachten an diesem Tag und verbinden mit der Feier der Geburt Christi die Taufe.
Ursprünglich währte die Weihnachtszeit bis zum 2. Februar, bis zu „Mariä Lichtmess". Dieser Tag im Kirchenjahr ist ein Tag zur Erinnerung an die Darstellung Jesu im Tempel, wie sie Lukas schildert. Der Name „Lichtmess" bezieht sich auf die Lichterweihe und die Lichterprozession vor dem Hauptgottesdienst.
Heute besinnt man sich wieder auf diese Zeit des Lichts im dunklen Januar und lässt den Weihnachtsstern in Kirchen und Häusern bis zum 2. Februar hängen. Dieser alte Brauch lässt die weihnachtliche Freude nachwirken und verhindert den allzu schnellen Übergang in die Normalität und in den Trott des Alltags.
Das Kirchenjahr mit seinen geprägten Zeiten, das gottlob immer noch neben dem Kalenderjahr besteht, bietet uns andere Dimensionen und Zeit-, Lebens- und Glaubenserfahrungen.

Ich möchte ein Licht sein

Weihnachtszeit – Lichterzeit in dunkler Jahreszeit. Einladung, in das Licht einer Kerze zu schauen. Sich dem Leuchten und ihrer Wärme auszusetzen. Sie als Gleichnis zu nehmen. Ihre Botschaft innerlich zu schauen. Vielleicht dabei die Geschichte von der einen Kerze bedenken:

„Ihr erfreut euch an meiner Helligkeit und Wärme. Je länger ich brenne, umso kürzer werde ich. Ich weiß: Es gibt immer zwei Möglichkeiten. Entweder bleibe ich unangerührt irgendwo im Dunkeln. Oder aber ich brenne, gebe alles her, was ich habe. Ich finde es schöner, etwas hergeben zu dürfen, als kalt und allein für mich zu bleiben.

So ist es auch mit euch Menschen. Entweder ihr zieht euch zurück und bleibt für euch. Dann aber bleibt es kalt und leer in und um euch. Oder aber ihr geht auf Menschen zu und schenkt ihnen von eurer Liebe und Wärme."
Nur wer sich verschenkt, wird reicher.
Nur wer Licht ist für andere, wird Licht empfangen.
Viele haben immer noch nicht verstanden:
Ein einziges Licht, das brennt, ist mehr wert als alle Dunkelheit der Welt.

Der Weihnachtsbaum

Die erste Erwähnung des Weihnachtsbaums stammt aus dem Jahre 1539 aus Straßburg. Erwähnt wird vorher schon das Schmücken festlicher Stuben mit Reisig. Erst im 19. Jahrhundert wird der kerzenbesteckte Baum fester Bestandteil des Weihnachtsrituals in den Familien. Früher wurde er auch als Paradiesbaum bezeichnet. Man hängte vergoldete Erdäpfel, also Kartoffeln, daran, die an die Äpfel im Paradiesgarten, dem Garten Eden, erinnerten.

Entgegen der Behauptung, dass das Aufstellen von Weihnachtsbäumen kein christlicher Brauch sei, muss der Bezug zum Alten Testament betont werden. Beim Propheten Hosea heißt es: „Gott spricht:

Ich will sein wie eine grünende Tanne – von mir erhältst du deine Früchte." So werden die ganze Würde und der Stolz des Baumes auf Gott und den Schöpfer des Lebens zurückgeführt.

Weil die immergrüne Tanne sich nach oben verjüngt, war sie den Alten ein Sinnbild der Hoffnung, einer Hoffnung auf Leben mitten in einer Welt des Todes.

Die rauen Nächte

In heidnischer Zeit waren die Tage vom 21. Dezember bis zum 1. Januar die „zwölf rauen Nächte". In dieser Zeit begegneten die Dämonen und Geister den Menschen. Die Toten gingen um, unberechenbare Mächte trieben ihr Unwesen. Sie bedrohten die Menschen. Diese taten alles, um sie abzuwehren und ihre Angst zu überwinden. Die zwölf Nächte folgten auf die Wintersonnenwende, in der die unheimlichen Götter und Geister den Menschen begegneten wie sonst nie, bedrohlich und gefährlich, aber auch segnend und helfend.
Diese zwölf Nächte wurden christlich „getauft". Dem 24. Dezember, dem Heiligabend, folgt der eigentliche Christtag, heute noch ohne einen zweiten Weihnachtstag in angelsächsischen Ländern began-

gen. Der 26., der Stephanustag, erinnert an den ersten christlichen Märtyrer, der nach der Apostelgeschichte gesteinigt wurde. Der 27. wurde zum Tag des Evangelisten Johannes. Der 28. ist der Tag der unschuldigen Kinder und bedenkt den Kindermord durch Herodes, aber auch alles das, was Kindern an Schrecken und Leid heute zugefügt wird. Silvester, kein kirchliches Fest, wird dennoch mit Gottesdiensten begangen. Auf den Straßen und Plätzen wird das neue Jahr mit Raketen und Böllern begrüßt – eine Erinnerung an die Abwehr der unheimlichen Dämonen und Geister. In den Kirchen dagegen begehen die Menschen den Übergang in meditativer Stille und im Hören auf biblische Verheißungen.
Der Neujahrstag ist ebenfalls kein kirchlicher Feiertag. Er hat die Beschneidung und Namensgebung Jesu als Thema erhalten. Die neue Prägung vorchristlicher Tradition durch die Kindheitsgeschichten Jesu und die biblischen Personen ersetzt die Götter- und Geisterwelt. Sie weist hin auf den, der der Welt Frieden, Freude und Befreiung von der Angst schenkt.

Christbaumschmuck

Die bunten und besonders die goldenen Kugeln, die den Christbaum schmücken, erinnern an das Gold der Weisen, das sie dem Kinde schenken. Ebenso das goldene oder silberne Lametta.
Vor einigen Jahren bat mich eine Frau um drei lange Lamettafäden aus dem prächtigen Baum im Hamburger Michel. Ihre Tochter sei für Monate in Israel, sie mache sich viel Sorgen um sie. Ihr wollte sie diesen heimatlichen Gruß als Zeichen der Verbundenheit schicken. Noch heute hütet diese ihren besonderen weihnachtlichen Schatz.
Dass in den Weihnachtsbaum Äpfel gehängt werden und auf Weihnachtstellern ihren Platz haben, stellt den Zusammenhang zwischen dem verlorenen und wieder geöffneten Paradies her. Der Apfel am Baum

der Erkenntnis des Guten und des Bösen war für Eva und Adam so verlockend, dass sie von ihm aßen. Damit haben sie die Weisung Gottes, nicht von diesem Baum zu essen, missachtet: „Esst nicht davon, dass ihr nicht sterbt." Nach einer alten Vorstellung haben die Weihnachtsäpfel eine bleiche und eine rote Seite. Die bleiche Seite des Todes und die rote des aus Gottes Liebe entspringenden neuen Lebens.
An das eröffnete Paradies, zu dem Gott durch die Geburt Christi das Tor wieder aufgestoßen hat, erinnert die Strophe des Weihnachtsliedes (EG 27, 6):

Heut schließt er wieder auf die Tür
zum schönen Paradeis;
der Cherub steht nicht mehr dafür.
Gott sei Lob, Ehr und Preis!

Als Schmuck dienen auch die bunten Papierketten. Sie weisen darauf hin, dass wir durch das Geschehen der Heiligen Nacht von den Ketten unserer Schuld befreit sind: „In Christus haben wir die Erlösung" (Epheserbrief 1,7).

Die Legende vom Weihnachtsgebäck

Adventszeit und Weihnachten ist die Zeit der süßen Plätzchen. Wie die Alten das süße Gebäck auf das Wunder der Christnacht bezogen, schildert die Legende vom ersten Weihnachtsgebäck.

„Als die Hirten auf dem Feld den Stern der Weihnacht sahen, machten sie sich eilends auf nach Bethlehem. Vor freudiger Erregung vergaßen sie, dass sie Brot im Backofen hatten. Daran erinnerten sie sich erst auf dem Rückweg. Sie rechneten damit, den Teig völlig verbrannt vorzufinden. Als sie aber den Backofen öffneten, da strömte ihnen ein wunderbarer Geruch entgegen. Vorsichtig kosteten sie den völ-

lig schwarz gewordenen Teig. Statt des verkohlten Brotes hielten sie ein nie geschmecktes dunkles und süßes Gebäck in den Händen. Davon gaben sie allen Verwandten und Freunden eine Kostprobe. Weil da aber gar viele Menschen waren, brachen die Hirten das Gebäck in viele kleine Stückchen.
Zur Erinnerung an dieses Wunder begannen sie dann, alljährlich zur Christnacht kleine würzige Honigkuchen zu backen, äußerlich dunkel und unansehnlich, wie das Geschehen im Stall, aber von nie geahnter Süße."

Lebkuchen und Pfefferkuchen

Noch heute gehören Lebkuchen und Pfefferkuchen zum Weihnachtsgebäck. Das Wort „Leb" stammt aus dem Althochdeutschen und bedeutet „Heil- und Arzneimittel". Früher hat man Heilkräuter und Heilsäfte zu kleinem Gebäck verarbeitet. In der Weihnachtszeit begann man in den Klöstern, aus den besonders wohlschmeckenden Kräutern und Säften ein Heilgebäck zu backen. Dieses wurde zu Weihnachten verteilt. Manches Mal wurde darüber gepredigt, dass diese kleinen Kuchen, die dem Leibe Wohlbehagen und Gesundheit schenken, deutlich machen sollen, dass das Weihnachtsgeschehen der ganzen Welt Gesundheit schenkt. Der Name „Pfefferkuchen" bezieht sich auf den Gewürzhandel mit dem Morgenland. Ursprünglich wurden alle Gewürze als „Pfeffer" bezeichnet. Der Pfeffer war besonders begehrt und sehr teuer. Die meisten Menschen konnten die Gewürze nur zu den Festtagen kaufen. In der Weihnachtszeit wurde damit aber nicht gespart. Die weihnachtliche Freude wollte man schmecken und die Zeit als Freudenzeit genießen.

Nach altem Brauch sollen die Leb- und Pfefferkuchen mit siebenerlei oder mit neunerlei Gewürzen gebacken werden. In alten Versen werden die rechten Gewürze aufgezählt. Dazu gehören Weinbeer, Mandeln, Sultaninen, süße Feigen, Rosinen, fein geschnittene Nüsse, Zitronat, Birnenschnitzel und Kirschengeist. Die Zahl Sieben gilt als Ausdruck der Vollkommenheit. Unsere Vorfahren nahmen für das weihnachtliche Gebäck siebenerlei Gewürze. Jeder Tag sollte von dem Segen Gottes durchdrungen sein.

Neunerlei Gewürze bezog das Mittelalter auf den vollendeten Lobpreis Gottes. Die Zahl Drei ist die Zahl der göttlichen Vollendung. Nun zähle man zusammen: Drei in der Dreieinigkeit – Erde, Luft und Wasser – Himmel, Erde und Hölle. Drei mal drei gleich neun!

Der für das Gebäck verwendete Zucker war der bunte Zucker. Wir kennen ihn noch von Schokoladenkringeln, die mit buntem Zucker bestreut sind. Sie dienen auch als Weihnachtsbaumschmuck. Der bunte Zucker symbolisiert die unermessliche Gnadenfülle Gottes.

Weihnachtsgeschenke

Bis heute singen Kinder in großer Erwartung: „Morgen kommt der Weihnachtsmann, kommt mit seinen Gaben …"

Zu Weihnachten gehören Geschenke, ja, Weihnachten ist zum Fest des Schenkens und einer oftmals übertriebenen Geschenkemacherei geworden. Die Wurzel aber aller Geschenke, die wir uns gegenseitig machen, liegt nicht im Weihnachtsmann oder in der Gestalt des Santa Claas, der den Kindern ihre Geschenke durch den Schornstein wirft. Die eigentliche Begründung ist biblisch das Geschenk Gottes an alle Menschen: „Also hat Gott die Welt geliebt, dass er seinen eingeborenen Sohn gab" (Johannes 3,16).

So sind wir Weihnachten zu allererst Beschenkte und nicht nur Schenkende. Diese Einsicht bewahrt uns vor verkrampftem und übertriebenem Schenken, vor Rechnen und Gegenrechnen. Mit unseren Gaben geben wir nur das weiter, was wir empfangen haben: Zuwendung, Freude, Wertschätzung in Gestalt sichtbarer Zeichen

Unser ganzes Herz will in dem sein, was wir anderen zudenken. Das veranschaulicht die nachdenklich machende Geschichte von dem kleinen russischen König in dem Roman von Edzard Schaper „Der vierte König". Sie schlägt den weiten Bogen von der Geburt Jesu bis zu seinem Tod am Kreuz. Sie macht zugleich deutlich, dass die Geburt Jesu von seinem Leben und Sterben nicht zu trennen ist.

Der kleine König brach auf, um den neugeborenen König der Welt zu suchen und anzubeten. Unterwegs wurde er immer wieder von seinem Vorhaben abgebracht. Die Not der Menschen zwang ihn zu verweilen. Das Mitleiden brachte ihn dazu, alles, was er hatte, zu verschenken. So verpasste er das Kind in der Krippe. Er kam erst an, als der neu geborene König gekreuzigt wurde. Da hatte er nichts mehr zum Schenken und übergab ihm sein müdes und alt gewordenes Herz.

Weihnachtskrippen

Weihnachtskrippen sind Schaustücke des Glaubens. Die erste bekannte Krippe hat Franz von Assisi, der Freund aller Tiere, geschaffen. 1223 stellte er das weihnachtliche Ereignis mit lebenden Tieren in einer Höhle im italienischen Greccio nach. In manchen Städten geschieht das noch heute im Zusammenhang mit Weihnachtsmärkten. Das ist nicht nur für Kinder interessant. Macht es doch deutlich, dass der Friede Gottes auf Erden auch unseren Mitgeschöpfen gilt.
Von Ausstellungen mit Krippen aus aller Welt, besonders in den Ländern des Ostblocks, habe ich eine erstaunliche Erfahrung gehört. Das Interesse an diesen kleinen und großen Kunstwerken ist sehr groß. Die Besucher, die nichts von Bibel und christlichem Glauben wissen, verstehen im Sehen und Hören den Sinn und die Bedeutung des Weihnachtsfestes.

Früher wurden die Krippen im Laufe des Advents gestaltet. Man fügte jeden Tag etwas hinzu: Stroh für die Krippe, den Ochsen, die Schafe, den Esel, dann die Hirten und die Könige. Zum Schluss und erst am Heiligen Abend das Kind. Das gab der Adventszeit einen Rhythmus und stärkte die Vorfreude auf Weihnachten. In vielen Kirchen wird erst im Mitternachtsgottesdienst am 24. Dezember das Kind in die Krippe gelegt.

Von Ochs und Esel

Jahr für Jahr stehen tausende Menschen vor der Krippe im Hamburger Michel. Vor 35 Jahren ist sie von der Künstlerin Barbara Runschke in Gesprächen mit der Gemeinde entstanden.
Maria trägt nicht die Züge einer Madonna, sondern eher die einer verhärmten jungen Frau aus dem Volk. Gottes Sohn kommt in äußerster Armut in einer Steingrotte, einer Höhle für Tiere, zur Welt. Gott fängt ganz unten bei den Menschen an. Josef ist hier nicht – wie so oft – der Mann im Hintergrund. Er ist der, der für Maria und das Kind verantwortlich ist.
Das Kind ist nach der Art der ältesten Darstellungen der Ostkirche „in Windeln gewickelt" und liegt auf der Erde. Das unterstreicht den Gedanken, dass das Leben des Erlösers in unser Leben und in unsere Geschichte „eingewickelt" ist. Die Hirten verkörpern

die drei Lebensalter. Der alte Hirte sieht seine Hoffnung auf den Retter der Welt erfüllt. Der Hirte auf der Höhe seines Lebens beugt seine Knie. Das Gesicht des Hirtenjungen lässt Staunen erkennen. Jede Generation kann sich in ihnen wiederfinden.
Die drei Weisen versinnbildlichen die drei Haupttypen der Menschheit. Die Menschheit Asiens wird

durch den Chinesen in kostbarer Mandarinkleidung dargestellt. Der Repräsentant der weißen Menschheit verneigt sich am tiefsten. Der Schwarze steht für alle Dunkelhäutigen. Die Geschichte Gottes wird zur Weltgeschichte.

Ochs und Esel – die beiden Tiere an der Krippe – beziehen sich auf die Weissagung des Propheten Jesaja: „Der Ochse kennt seinen Herrn und der Esel die Krippe seines Herrn." Ochs und Esel sind Vorbilder Israels. Mit der Geburt des göttlichen Kindes kann Israel die heilsame Bindung an seinen Gott wieder erkennen.

Eine andere Deutung sieht im Ochsen das Sinnbild des jüdischen Volkes, im Esel das Heidentum verkörpert. Ochs und Esel symbolisieren danach die durch das Krippenkind zusammengeführte Menschheit.

Eine Krippe der Religionen

Ich entdeckte diese besondere Krippe in einer großen Krippenausstellung. Christen haben Maria, Josef und das Kind gefertigt, Buddhisten den Hirten und die Schafe, Muslime die drei Könige. Mir ist, als hätten die Vertreter der drei Weltreligionen verstanden, was die Engel des einen Gottes der einen Welt verkündigen:

Ehre sei Gott in der Höhe
und Friede auf Erden bei den
Menschen seines Wohlgefallens.

Hier, an der gemeinsamen Krippe, sind sie vereint in der Verehrung Gottes, des Schöpfers der Welt und seiner dynamischen Kräfte. Hier sind sie verbunden, die Christen im Loben Gottes, des Vaters Jesu Christi, die Muslime in der Anerkennung der göttlichen

Herrschaft über alle Lebensbereiche, die Buddhisten in der Ehrfurcht vor dem göttlichen Buddha. Welch eine Vision für unsere zerrissene Welt! Was könnte es bewirken, wenn sich Menschen verschiedener Religionen so auf den Weg zur Krippe machen, gemeinsam Gott verehren und der Ehrfurcht vor Gottes Frieden überzeugende Taten folgen lassen würden? Sie würden kalter Machtpolitik, Vormachtstreben von Religionsvertretern, Regierungen und Diktatoren Beispiele dafür geben, wie Mauern und Grenzen fallen. Sie würden der Sehnsucht aller Menschen nach einem friedlichen Miteinander Nahrung geben.

Mein liebstes Weihnachtsbild

In der Mitte des dreiflügeligen Columba-Altars des niederländischen Malers Rogier van der Weyden ist der Stall von Bethlehem dargestellt. Der Stall befindet sich in einem jämmerlichen Zustand – im Gegensatz zu der niederländischen Kleinstadt im Hintergrund. Er ist halb verfallen. Prächtig dagegen auch die Kleidung und Geschenke der drei Könige, die das neugeborene Kind anbeten. Das Wunderbare der Geburt im kargen Stall wird so betont.

Auffallend, dass am Pfeiler über Maria ein kleines Kruzifix angebracht ist. Das widerspricht jeder realistischen Auffassung. Die Erklärung aber ist einfach. Im Mittelalter und bis heute hat man Krippe und Kreuz, Weihnachten und Karfreitag nicht getrennt betrachtet. Die Geburt im Stall war der Anfang des Erlösungswerkes Christi. Zu dem gehören seine Worte und Taten, seine Hingabe am Kreuz und seine Auferweckung.

Rogier van der Weyden hat das in feiner Symbolik versinnbildlicht. Aus dem Ruinengestein wachsen Gräser und Blumen. Neues Leben sprießt aus dem, was verfallen, karg und schon tot zu sein scheint.

So werden beide, Krippe und Kreuz, zum Zeichen und Hinweis auf das neue Leben, das mit Christus in die Welt und zu uns gekommen ist. Aus der Zeit van der Weydens gibt es Triumphkreuze, aus deren Holz bunte Blumen wachsen: Krippe und Kreuz sind aus dem gleichen Holz.

Engel – Mittler zwischen Himmel und Erde

Weihnachten ist die Zeit der Engel. Ich denke nicht an die musizierenden Engel aus Keramik, nicht an die auf Bildern und auf Postkarten. Auch nicht an Rauschgoldengel. Der weihnachtliche Ursprung aller Engel findet sich in der vertrauten Weihnachtsgeschichte im Lukas-Evangelium. Der Engel der Verkündigung beginnt seine Freudenbotschaft mit den Worten: „Fürchtet euch nicht! Siehe, ich verkündige euch und der ganzen Welt große Freude …"
Engel sind Boten Gottes, Mittler zwischen Himmel und Erde, oben und unten. Sie sind so nah bei Gott und so nah bei den Menschen, dass sie Gott ehren und allen Menschen Frieden zusprechen. Damit zwi-

schen dem Frieden, den Gott uns schenkt, und dem Unfrieden auf der Erde kein Gegensatz ist. Und jeder Mensch zum Friedensbringer wird. So können wir zu Friedensengeln werden. Wir können den Gott des Friedens vor den Menschen vertreten. Und die Menschen in ihrer Friedlosigkeit vor Gott. Wir können sie in unsere Freude, unsere Liebe und Dankbarkeit hineinnehmen. Wir können Mittler sein für ihre Sehnsucht nach Frieden und ihre Enttäuschungen, ihren Hunger nach Leben und ihren Überdruss am Leben. Es ist schön, Engel, Bote und Mittler einer Liebe zu sein, die den Himmel und die Erde miteinander verbindet. Und uns mit den anderen.

Mein liebstes Weihnachtsgedicht

Alles Wichtige im Leben ist unsichtbar. Vertrauen und Glück, Freude und Liebe. Gott ist unsichtbar. Für viele ist er heute weit weg und sehr fern. Engel aber kommen uns nah.
Wunderschön sagt Rose Ausländer:

Der Engel in dir
freut sich über dein
Licht

weint über deine Finsternis

Aus seinen Flügeln rauschen
Liebesworte
Gedichte Liebkosungen

Er bewacht
deinen Weg

Lenkt deinen Schritt
engelwärts

Weil die Engel zugleich in dir und um dich herum sind, verbinden sie oben und unten, Gott und unser kleines Leben. Aber auch die Welt draußen, oft feindlich, gefährlich und bedrohlich, und die Welt drinnen, oft ängstlich, besorgt und hungrig. Dann ist vereint, was wir trennen: Sichtbares und Unsichtbares, Gott und unser Ich, Misstrauen und Vertrauen. Der Engel in uns tut beides. Er freut sich über dein Licht und jedes Licht, das du anzündest – und er weint über deine Finsternis und alle dunklen Orte in der Welt. Du musst nur acht haben auf Liebesworte, Gedichte und Liebkosungen und dein Aufbrechen und deinen Schritt so lenken, wie es dein Engel dir gezeigt hat: engelwärts.

Weihnachtssegen

Möge die Tür zu deinem Herzen geöffnet werden
und heilende Kräfte dich durchströmen
wie der Glanz aus der Höhe.

Möge die Freude in dir aufsteigen und dich
beflügeln zu einem leichteren Leben.

Möge ein Licht in deine verdunkelte Seele fallen
und aus deinen Augen widerstrahlen, so dass
andere sich mit dir freuen.

Möge ein Stern vom Himmel fallen und
die Stunden in deiner Nacht erhellen.

Möge ein Freund dir begegnen, dessen Weg
sich mit deinem verbindet, so dass ihr im Haus
der Freundschaft geborgen seid.

Möge eine Hand dich finden und dir die
Zärtlichkeit geben, nach der du dich sehnst.

Möge dein Fuß die Spuren finden, die zum Leben
führen, wie du es dir ersehnst.

Möge alle Tage der Segen Gottes dich
erfüllen, so dass du weißt:
Ich bin ein gesegneter Mensch.

Der Autor

Helge Adolphsen, geboren 1940, war Gemeindepastor in Kiel, Dekan in der Militärseelsorge und 18 Jahre bis zu seiner Pensionierung Hauptpastor am „Hamburger Michel". Aus seiner Feder stammen zahlreiche Veröffentlichungen zu theologischen und kirchlichen Themen und zur Lebenshilfe.

Textnachweis

Seite 44: Rose Ausländer, Der Engel in dir. Aus: dies., Ich höre das Herz des Oleanders. Gedichte 1977-1979. © S.Fischer Verlag GmbH, Frankfurt am Main 1984

Die Bibelzitate sind entnommen aus: Lutherbibel, revidierter Text 1984, durchgesehene Ausgabe in neuer Rechtschreibung, © 1999 Deutsche Bibelgesellschaft, Stuttgart.

Bildnachweis

Titel: © M. Schüll/DIGITALstock
Seite 1, 17, 30, 43: Bildarchiv RODRUN/Füssenhäuser
Seite 3: Gunter Hartmann
Seite 4, 36: © Dieter Schütz/PIXELIO
Seite 5: © Grace Winter/PIXELIO
Seite 6: Archiv des Rauhen Hauses
Seite 7, 11, 13, 15, 16: Volker Rauch
Seite 8: Oswald Eckstein
Seite 10, 12, 42, 45: Rainer Oettel
Seite 18, 29: Bildarchiv RODRUN/Martin
Seite 19, 46/47: Bildarchiv RODRUN/Knöll
Seite 21: © Verena N./PIXELIO
Seite 23: © S. Hainz/PIXELIO
Seite 24: © Heike/ PIXELIO
Seite 25: © Lea M./PIXELIO
Seite 27: © Rike/PIXELIO
Seite 28: © Pandi/PIXELIO
Seite 33: © Cekora/PIXELIO
Seite 38: © Regenbogen/PIXELIO

www.agentur-rauhes-haus.de

Satz und Litho: 4mat
Schrift: Segoe UI
Druck: L.E.G.O., Vicenza/Italien

Quadro
Der Umwelt zuliebe gedruckt auf chlorfrei gebleichtem Papier.

Kartonierte Ausgabe: ISBN 978-3-7600-0972-8 · Best.-Nr. 1 0972-8
Gebundene Ausgabe: ISBN 978-3-7600-1902-4 · Best.-Nr. 1 1902-4